**NINGUÉM FALOU QUE
SERIA FÁCIL**

NINGUÉM FALOU QUE SERIA FÁCIL

FELIPE ROCHA

Coleção Dramaturgia

Cobogó

Sobre a peça

Então ganhei uma bolsa do Centre International des Recollets, pra ficar em Paris escrevendo uma nova peça de teatro — seria o meu segundo texto. Fui descobrindo ali — e sigo descobrindo aqui — a importância da coisa do deadline pra que algumas obras venham a existir. A vida vai solicitando de todos os lados e é (pelo menos pra mim) muito difícil ter a força de vontade e a concentração necessárias pra escrever um texto que ninguém tá te pedindo ou te pressionando a entregar logo. Cheguei ali sem ter a menor ideia de por onde começar (ou pra onde ir). Fazia um café preto de manhã e passava o dia sentado, escrevendo ou me lamentando por não conseguir fazê-lo. E de noite via um filme ou uma peça de teatro. Tive uma daquelas crises clássicas do autor olhando pra folha em branco (que durou mais da metade do período em que fiquei por lá). Até que escrevi a primeira cena da peça, "cadê a Marina?", uma ideia que eu tenho há muitos anos, que me acompanha desde antes de eu me imaginar autor de teatro. Essa cena foi abrindo caminho pra outras. Um dia dei dois passos pra trás, olhei pro que tinha, e percebi que a ideia de família estava presente em muitas cenas. Podia ser um fio condutor. Passei a escrever nesse sentido. A Mia, minha filha, estava com 4 anos na época, eu chacoalhado pelos múltiplos vetores da paternidade, pela dupla perspectiva que nos atravessa quando viramos pais e continuamos sendo filhos — como um mirante pra vida —, mais a interminável passagem pra vida adulta, a necessidade de assunção das responsabilidades...

Escrevi pro Alex, pro Renato e, chegando no Rio, chamamos a Stella. No primeiro dia de ensaios, acho que tínhamos algo perto de ⅔ do que ficou do texto, tudo bastante tosco e inacabado. Um primeiro fôlego de cenas encadeadas (acho que do início da peça até o fim da cena de Patrick e Cecília) e as outras cenas, todas soltas, sem ordem definida. Eu tinha essa sensação e desejo de jogo, de jardim da infância, de playground, onde uma palavra dita ou um estalar de dedos é capaz de detonar transformações radicais em cenários, personagens e conflitos. Uma vontade de que aquelas três personas, Pedro, Patrick e Ana/Marina passeassem por aquelas histórias todas meio como fazem os Trapalhões ou os Backyardigans, que, onde quer que estejam, seja vivendo um vilão do Egito Antigo ou um mordomo marciano, guardam sempre uma certa essência pessoal. Como três crianças brincando, compartilhando aquelas histórias com os espectadores.

A cena do Sapo Cansado foi uma que deixei pra escrever nos ensaios, em função dos personagens que os atores apresentassem. Personagens pelos quais transitássemos confortavelmente. Fizemos umas sessões de improvisação, cada membro da equipe trazendo várias vozes e criaturas, que eram depois experimentadas por todos, e a cena surgiu como um apanhado daqueles personagens que fluíam melhor (ou que davam mais pano pra manga, dramaturgicamente).

Improvisamos, repetimos, lemos, erramos, joguei muita coisa fora, escrevi várias cenas novas, os atores trouxeram vida e humanidade para textos muitas vezes mais esquemáticos, e o Alex, diretor da peça, foi fundamental em propor cortes, mudanças de ordem e sugestões de cenas.

Juntos, a gente descobriu como fazer com que um possível problema do texto (a grande quantidade de cenas soltas, que poderiam se transformar numa sucessão de esquetes), virasse uma das qualidades da peça, como num sonho *lynchiano*, de recorrências nebulosas e estradas paralelas. Compartilho com Alex, Stella e Renato (mais Alice, Ignacio e Marina) os méritos que o texto possa vir a ter.

Acho lindo um texto de teatro sem rubricas. Este acabou ficando com muitas. Elas podem ser lidas, menos como indicação de encenação do que como partilha de possíveis pontos de vista. Também deixo nesta versão alguns textos de que gosto e que ficaram de fora da nossa montagem.

Tomara que você goste.

Felipe Rocha

Ninguém falou que seria fácil estreou em 8 de abril de 2011, no teatro do Planetário da Gávea (Teatro Municipal Maria Clara Machado), com patrocínio da Secretaria Municipal de Cultura do Rio de Janeiro, (através do FATE — Fundo de Apoio ao Teatro) e da Secretaria de Estado e Cultura do Rio de Janeiro.

Emendamos essa temporada com outras duas, nos teatros Sérgio Porto e Glaucio Gill, a convite dos seus programadores Jô Bilac, Dani Amorim, Joelson Grisson, Felipe Vidal e Daniele Ávila, com a seguinte equipe:

Texto e Codireção
Felipe Rocha

Direção
Alex Cassal

Elenco
ANA/MARINA/CECÍLIA: Stella Rabello
PATRICK: Renato Linhares
PEDRO: Felipe Rocha

Assistência de Direção
Ignacio Aldunate

Direção de Movimento
Alice Ripoll

Colaboração na Criação
Marina Provenzano

Iluminação
Tomás Ribas

Cenário
Aurora dos Campos

Direção Musical
Rodrigo Marçal

Figurino
Antônio Medeiros

Projeto Gráfico
Cubículo | Fábio Arruda e Rodrigo Bleque

Fotos
Dalton Valerio

Assessoria de Imprensa
Mônica Riani

Direção de Produção
Tatiana Garcias

Assistência de Produção
Náshara Silveira

Realização
Foguetes Maravilha

Este espetáculo é dedicado à memória do acrobata Caio Guimarães.

PERSONAGENS

ANA/MARINA/CECÍLIA

PATRICK

PEDRO

Para Mia, Dani, Fernando, Ruth, Rafael, Martim e Quim,
que me ensinaram tudo o que importa.

Pedro entre a cena e a plateia, desde a entrada do público. Pode cumprimentar alguns dos espectadores.

Entra Ana.

ANA: Cadê a Marina?

PEDRO: Como assim, "cadê a Marina"? Ela tá com você.

ANA: Claro que não! Ela entrou aqui com você. Não brinca comigo!

PEDRO: Não brinca comigo, você! Você me viu entrando aqui sozinho. E ela tava de mão dada com você. Ana, cadê a Marina?!

ANA: Pedro, eu não acredito que você deixou uma criança de 3 anos de idade sozinha na rua, num país onde ela nem fala a língua!

PEDRO: Pelo amor de deus, você deixou a Marina sozinha na rua?!! Ela tava com você!

ANA: Aí eu disse, Pedro, leva ela com você, que eu vou dar uma olhada nesses cartões-postais.

PEDRO: Exatamente. Você disse isso. E exatamente nessa hora eu me separei de vocês. E ela não veio. E ela ficou com você. E eu entrei aqui. Sozinho. E essas pessoas entraram também. E você entrou, e começou a brigar comigo.

ANA: Eu falei que ela ia com você!

PEDRO: Meu amor, se você fala que ela vai comigo, e se ela só tem 3 anos de idade, você tem que olhar se ela tá vindo comigo ou não. Você não pode entrar na tua loja e deixar a menina sozinha na rua.

ANA: E você, não! Você não precisa olhar. Você só precisa entrar aqui, seguir tua vida, montar a tua agenda, e quem quiser que te siga. Que procure as tuas pegadas, as tuas migalhinhas de pão.

PEDRO: Mas ela tava com você! Eu tava de costas. Como é que eu ia adivinhar que ela tava vindo atrás de mim?

ANA: Não precisa adivinhar. Basta ouvir a tua mulher falando que vai comprar um cartão-postal e que a tua filha tá indo com você...

PEDRO: Mas eu não ouvi!

ANA: ...Custa você virar um minuto e ver se aquelas palavras desinteressantes da tua mulher significam alguma coisa?

PEDRO: Ana, eu não escutei. Você tá sendo irônica, tá sendo superagressiva comigo...

ANA: [*em lágrimas*] Tô sendo agressiva, sim, Pedro!!! Porque agora tem uma criança sozinha na rua, apavorada, berrando de medo e isso não te afeta!

PEDRO: É claro que me afeta! É a minha filha que tá perdida, sozinha, olhando pros lados. Vem umas pessoas falar com ela e é uma gente que ela não conhece, um bando de rostos desconhecidos! Aterrorizada, sem conseguir se comunicar, sem poder sequer dizer que tá perdida, sem saber o nome do hotel onde ela tá hospedada...

ANA: ...Uma criança que pode sair correndo e atravessar a rua a qualquer momento, sem olhar pros carros.

PEDRO: Porque você deixou!

ANA: Ah, mas é claro que você não assume essa responsabilidade! Porque isso não te toca! A tua filha perdida não te comove! Pra você, o importante é estar aqui, no ar condicionado, no meio dessas pessoas, tendo essa conversa.

PEDRO: Uma coisa não tem nada a ver com a outra! É maravilhoso a gente estar aqui, no ar condicionado, no meio dessas pessoas, tendo essa conversa. [*pra plateia*] É maravilhoso vocês estarem aqui, que bom que vieram. [*pra Ana*] Essas pessoas que podiam estar em qualquer outro lugar e escolheram estar aqui, com a gente, esta noite, na expectativa de talvez encontrar aqui um pouco de afeto na direção do outro, na expectativa de, quem sabe, serem atravessados por alguma coisa interessante...

ANA: Ah, e pra produzir *alguma coisa interessante* você abandona a tua filha sozinha na rua?! É isso?!

PEDRO: *Você* abandonou a nossa filha sozinha na rua!!

ANA: ...E, como se não bastasse, em outro país. Olha... isso é que é entrega, viu? Parabéns! Que bom que pelo menos com eles você se preocupa. [*pra alguém da plateia*] Tá interessante? [*pra Pedro, depois da resposta do espectador*] Se o desejo era produzir *alguma coisa interessante*, você está de parabéns! Você já começa lá em cima, um efeito retumbante, Oscar pra você! Começa pelo ápice! Agora eu me pergunto o que nos espera pela próxima hora e meia. Você vai fazer o quê? Vai esquartejar a tua filha? Vai fazer a sua mulher ser perseguida por uma gangue de mafiosos romenos?

PEDRO: Ana, eu não vou fazer nada, eu não fiz nada. Você deixou a Marina sozinha na rua. Você!

ANA: Pedro, cadê a Marina?!?

PEDRO: Eu não sei!!! Não faço a menor ideia!... Ela pode estar no hotel. Pode ser? Você fica mais tranquila? Tá tudo bem com ela. Tá tudo bem, meu amor, ela tá no hotel agora.

ANA: Com quem?

PEDRO: Pfff, não sei, Ana... Com o Patrick.

ANA: Ah, e você acha que o Patrick vai abrir mão do seu soninho de beleza pra tomar conta de uma criança enquanto a gente faz um tour pela cidade.

PEDRO: Ela tá com a gente! A gente também tá no hotel. Pode ser? A gente tá com ela no hotel. Eu tô contando uma história pra ela, no caminho eu comprei uns soldadinhos e uns índios de plástico, a gente passa a tarde com ela. *Eu* passo a tarde com ela. Eu assumo essa responsabilidade. Você pode dormir, se você quiser. Ou passear. Pode ir, querida, ver os seus cartões-postais.

ANA: "A Marina tá no hotel?"

PEDRO: Tá.

Tempo. Ana desconfiada, procurando em volta.

ANA: "E a gente também?"

PEDRO: No quarto do hotel.

Tempo. Ana continua olhando em volta, procurando.

ANA: E cadê a Marina?

PEDRO: Aaaah, não sei, Ana! Tá no banheiro... tá brincando no corredor com duas crianças de Burkina Faso... [*pra plateia*] Ela quer o quê? Quer que tenha um ser vivo aqui? Um ser humano? De 3 anos de idade? Quer que eu saia pelo corredor, batendo de quarto em quarto perguntando se algum hóspede por acaso não tem uma criança de bobeira que possa emprestar pra gente por uma hora e vinte? Quer que eu ligue pra uma agência de adoção? Que eu contrate uma atriz mirim? Uma figurante. De 3 anos? É isso?!?

ANA: É.

PEDRO: Você já trabalhou com uma artista dessa faixa etária? Uma atriz livre, não é? Espontânea. Uma pessoa que a qualquer momento pode dizer "Não". "Hoje, não. Hoje eu não quero ir lá. Encontrar aquelas pessoas. Hoje eu tô com medo. Tá chovendo. Quero ir pra minha casa, não quero ficar com eles. Essa é uma peça de adultos. Não é hora de uma criança estar acordada. Quero o meu pai, a minha mãe. Esse pijama de zebrinha tem uma etiqueta de náilon, tá me incomodando..." Você quer ficar sujeita a isso? E se a gente resolve viajar, quem vai cuidar dela? Quem vai acordar às seis da manhã pra fazer o suquinho de laranja dela? O Patrick? [*pra plateia*] Vamos pensar na responsabilidade de se viajar com uma criança dessa idade? [*pra Ana*] Se alguma coisa acontece com ela? Por exemplo: Se... você resolve comprar... um cartão-postal, eu resolvo sair de perto de vocês um minuto e essa criança se perde? Você assume a responsabilidade?

ANA: [*doce*] Você podia fazer a Marina.

PEDRO: Eu?!?

ANA: Você. Eu gostei quando você falou: "Hoje, não. Hoje eu não quero ir lá. Encontrar aquelas pessoas. Hoje eu tô com medo. Tá chovendo. Quero ir pra minha casa. Esse pijama de zebrinha tá me incomodando."

PEDRO: Eu faço a Marina?

ANA: É.

PEDRO: Aí ficam só mãe e filha, né? O idílio absoluto, o círculo se fecha. Não falta ninguém. É isso?

ANA: ...

PEDRO: Quem coloca o limite?

ANA: Eu.

PEDRO: Você?

ANA: É.

PEDRO: Ha, ha, então vamos lá. [*pra Ana e pra plateia*] Primeira lição da noite: são três os pilares que estruturam o núcleo familiar. Ok? Três: a mãe, a sacerdotisa selvagem do Egito Antigo, toda poderosa, pura doação, entrega, culpa, sem limites, sem barreiras, sem paraquedas, o amor de perninhas; a filha, que é o chamego, a razão de viver, o maná da Nova Canaã, o fluxo, a saltitância, a espontaneidade, a própria vida, a própria humanidade ali, aprendendo a andar na nossa frente, aprendendo a escrever; e o... o... a mãe, a filha e o... eu não tô lembrando agora, mas eu sei que... tem um terceiro elemento. Importantíssimo! Não é por preguiça que os obstetras pedem justamente pra ele cortar o...

ANA: Ah, faz.

PEDRO: Não faço. Sou contra.

ANA: Não te custa nada.

PEDRO: Não, de jeito nenhum.

ANA: Só um pouco. Cinco minutos. Tô morta de saudade... Queria dar só um beijinho nela... Aqui, no cantinho atrás da orelha.

PEDRO: Bom... Só se eu for ali na recepção, comprar um cigarro... dou um mergulho na piscina, deixo a figura paterna lá, boiando, quietinha, suspensa, no tempo, e na água, venho, sorrateiro, e faço a Marina. Mas eu volto rápido, hein?! Cinco minutos... No máximo!

PATRICK: [*entrando com cara de sono, ofuscado pelos refletores, segurando um ursinho de pelúcia*] Mamãe.

ANA: [*contentíssima e agradecida ao Patrick*] Oi, meu amor.

PATRICK: Por que é que vocês tão falando alto? Papai tá malvado?

ANA: Não, minha linda. Papai não é malvado. Ele tá só fingindo. Papai tá trabalhando. Ele tá sendo grosseiro e desrespeitoso com a mamãe porque é o trabalho dele, é de mentirinha. Ele só tá lendo o que tá escrito.

PEDRO: É. Papai e mamãe se amam muito.

ANA: Muitíssimo! Vem cá, Marina, vem cá que a mamãe e o papai vão fazer um sanduíche de bebê. Vão apertar o bebê até sair caldinho.

PEDRO: Bebejuco do papji. Papaizhino adora o peitjinho peludjinhoo djo bebé, papji vai tjocar o bejofôoni.

ANA: ...Huuum, coisa linda da mãe, meu amor...

Ana e Pedro beijam Patrick. Aos poucos Patrick vai virando mais pro lado de Ana e começam a se beijar, cada vez mais intensamente. Um beijo de língua, quentíssimo.

PEDRO: Pronto, agora o bebê vai pra caminha dele...

...um beijo lúbrico, cálido, lânguido...

PEDRO: Tem um quartinho contíguo...

...os dois corpos se entregando, como que se devolvendo um ao outro...

PEDRO: Ei, tá bom, ô, ô, gente! Ôu! Ana! Isso não vai fazer bem pra menina.

Pedro separa Ana e Patrick. Tempo. Ana ninando Patrick.

PEDRO: Não era eu que ia fazer a Marina?

ANA: Fala baixo! Você não reclamou que ia faltar a figura paterna? Agora fica quieto.

Tempo.

PEDRO: Mas a gente já tinha resolvido isso. Eu ia dar um pulo na piscina, deixava a figura paterna lá, boian-

	do, fazia a Marina, a gente ficava junto, cinco minutos... É importante o casal ter esse espaço, você não acha? Senão o casamento... Por que é que a pessoa tem que se meter no meio? Fica no seu canto, calma, deixa o casal...
ANA:	Shh.

Tempo.

PEDRO:	Eu quero fazer a Marina.
ANA:	Shhhhh!!!!
PEDRO:	[*choramingando baixinho*] Eu quero fazer a Marina.
ANA:	Não vai fazer.
PEDRO:	Por favor!
ANA:	Não vai fazer!
PEDRO:	Por favor, não te custa nada!
ANA:	Não vai fazer, perdeu a chance!
PEDRO:	Eu quero fazer a MarinaaaaAAAA!
ANA:	[*cochichando*] Ai, como você é chato, Pedro! Vem cá. Vem cá que eu vou cuidar de você. E vou deixar você bem quentinho. E vou pedir pra tua professora me deixar assistir às aulas com você. E vou furar a tua orelhinha e vou colocar um brinquinho de ouro em você. E quando você estiver com medo da chuva ou com medo de sair na rua, eu vou abraçar você bem apertado aqui no meu peito. E vou comprar uma roupa pra você ficar muito elegante, uma roupa vermelha, e amarela, e azul,

e verde, e roxa, e prateada, linda! E quando você estiver sem trabalho e sem dinheiro, eu vou conseguir um trabalho pra você. Eu vou botar uma roupa bem bonita e vou no último andar do prédio mais alto do centro da cidade, conversar com o dono do prédio, e vou convencer ele a dar muito dinheiro pra você contar as tuas histórias. E agora eu preciso trabalhar.

PEDRO: Hein?

ANA: Eu consegui um trabalho noturno, num bar aqui perto. Eu já tô atrasada.

PEDRO: Num bar? Que trabalho, mãe?

ANA: Garçonete.

PEDRO: Por que é que você vai trabalhar de garçonete? Num outro país?

ANA: Ah, não sei. Eu passei em frente ao bar, tinha um aviso de emprego, eu entrei, conversei com o cara... Me acontece. Sempre que eu viajo pra outro país. Ontem mesmo, no supermercado, eu perguntei pra mulher do caixa quanto ela ganhava. Acho que é um instinto de sobrevivência.

PATRICK: E quem vai ficar com a gente?

ANA: [*apontando para uma pessoa na plateia*] Essa senhora aqui pode cuidar de vocês. [*pra pessoa da plateia*] Não pode?

PEDRO: Mãe, olha pra cara dela! Ela deve ter uma faca na mochila!!

ANA: Ai, gente, não dificulta, pelo amor de deus, esse pedaço é muito difícil pra mim. Vocês se fazem companhia.

PATRICK: Nem pensar, mãe, a Marina B é uma psicopata...

PEDRO: Marina A!

PATRICK: B! A última vez que você saiu, ela me pediu pra procurar o brinquinho dela no forno e ligou o gás!

ANA: Ai, meninas, me ajudem um pouco, por favor, eu preciso trabalhar. Eu adoraria ficar aqui com vocês.

PATRICK: Você não quer ficar com a gente!

ANA: Claro que eu quero, meu amor. Mamãe adora vocês, mas mamãe precisa trabalhar...

PEDRO: [*falando ao mesmo tempo que Ana*] Não precisa.

ANA: ...Precisa ganhar dinheiro.

PEDRO: Trabalha em casa, mãe.

ANA: ...Pra comprar a comida que a gente come.

PEDRO: A gente come o que tiver na geladeira.

ANA: ...Pra comprar um brinquedinho pra vocês, pagar a diária desse hotel. Papai foi embora, abandonou a gente, e agora mamãe tem que trabalhar por dois pra sustentar nós três. Vocês têm que entender.

PEDRO: Mas a gente não entende! Uma criança de 3 anos de idade não tem maturidade emocional pra compreender o sistema social! A sensação que a gente tem, sinceramente, é de que você não quer ficar com a gente.

PATRICK: ...Que você vai trabalhar porque você quer. Porque você gosta!

ANA: Eu não gosto de trabalhar!

PEDRO: Você adora trabalhar! A gente vê nos teus olhos, você se arruma toda!

ANA: Eu não gosto...

PEDRO: Os seus olhos brilham, mãe, quando você vai trabalhar...

ANA: Chega! Acabou o show! Eu não gosto de trabalhar e pronto!

PATRICK: Eu não quero ficar sozinha! Eu quero ficar com o meu pai. [com olhar pedinte pra Pedro, que desvia o olhar] Pai!

Tempo. Pedro disfarça...

PEDRO: Mãe, traz um Kinder ovo, quando você voltar...

PATRICK: Pai!

PEDRO: [terno, pra Patrick] Papai foi embora! A jaulinha do papai ficou muito apertada, ele achou a chave...

ANA: É, papai é um covarde.

PEDRO: Não tem nada a ver com covardia. Papai tava se sentindo muito pressionado.

PATRICK: Mãe, então me leva com você? Eu não quero ficar sozinha, eu não posso ficar sozinha, eu não devo ficar sozinha. Eu vou buscar a minha bolsinha de plástico...

ANA: Coisa nenhuma! Chega de enrolação, eu já tô atrasada!!! Vocês ficam com essa senhora [da plateia] e chega. Tchau! Até amanhã! [sai]

Tempo. Pedro e Patrick ficam sós. Os dois marmanjos olhando sérios pra pessoa da plateia que supostamente cuidaria deles. Na nossa versão, eles montam uma tenda de lençóis, depois de uma certa disputa pelos objetos que estão em cena.

PEDRO: Você quer comer alguma coisa?

PATRICK: Não, obrigada.

PEDRO: Tem Danoninho na geladeira.

PATRICK: Eu vi.

PEDRO: E a vida, tá boa?

PATRICK: Tá. Tô namorando.

PEDRO: Ih, que bacana. E ele é legal?

PATRICK: Ela é bacana.

PEDRO: Ela?

PATRICK: É.

PEDRO: Legal. O que que ela faz?

PATRICK: Por que é que você sempre pergunta o que é que elas fazem? Como se isso determinasse o valor que uma pessoa tem. Depois você vem diminuir a pessoa, fazer chacota...

PEDRO: Não, eu não pergunto por isso. É mais pra ter assunto, pra tentar conversar com você, pra poder encadear a próxima pergunta em função da profissão dela, do que ela gosta...

PATRICK: Ela é garçonete.

PEDRO: Garçonete?!?

PATRICK: Tá vendo?

PEDRO: Não... Não tô fazendo nenhum juízo de valor. Eu só achei uma coincidência. Tem uma pessoa de quem eu gosto muito que acabou de virar garçonete. Fala mais dela. E para de pegar essas coisas!

PATRICK: Não paro! Isso tudo é meu! Ela foi pra São Pedro da Serra, com a família. Não entendo essa coisa de viajar com a família.

PEDRO: Chato. Por que é que você não foi com ela?

PATRICK: Por que é que você tá com a mão na orelha?

PEDRO: Porque você me bateu e tá doendo.

PATRICK: Vou dar um beijo. [*dá*]

PEDRO: Passou.

PATRICK: Me empresta cem reais? Pra eu comprar uma passagem pra São Pedro da Serra?

PEDRO: Cem reais?!? Quanto custa uma passagem pra São Pedro da Serra?!

Batem na porta. Tempo. Medo.

PEDRO: Quem é?

PATRICK: ?

PEDRO: Você tá esperando alguém?

PATRICK: Não.

PEDRO: Vou lá, dar uma olhada.

PATRICK: Não, fica aqui!

PEDRO: Melhor a gente ver quem é. E acaba logo esse mistério. Melhor. Eu vou lá.

PATRICK: E se você não voltar?

PEDRO: Aí você vem também.

PATRICK: Mas e se quando eu for você não estiver lá? Se quando eu for, não tiver ninguém lá?

PEDRO: Aí não vai ter ninguém pra te assustar. Você não vai ter por que ficar com medo.

PATRICK: E você vai estar aonde?

PEDRO: [*assustado*] Não sei... Não tinha pensado nisso... Talvez eu esteja escondido, espiando você atrás de uma moita. Ou trabalhando como garçonete. Ou amarrada na estaca de um Forte Apache, cercada por um grupo de índios de plástico sem camisa...

PATRICK: Aí eu vou lá e salvo você. E fica tudo bem.

PEDRO: É. Então fica aqui. Vai ficar tudo bem. Tá? Não sai daqui. Aconteça o que acontecer. Eu volto. Eu te juro que eu volto. [*vai*]

Patrick espera Pedro voltar. Pedro não volta. Tempo.

PATRICK: Bom. Agora é a hora do cara sozinho. Eu não gosto dessa hora. É a hora em que eu lembro de uma viagem que eu fiz com meus pais pra São Pedro da Serra, eu tinha 4 anos. E no hotel onde a gente tava hospedado tinha uma piscina bem grande, dos adultos. Eu fui parar na parte mais funda, em cima de uma espécie de ralo, que me puxava lá pra baixo, e eu com muito esforço conseguia subir um instante, só pra pegar um nada de ar e ser chupado de volta pro fundo. Várias vezes. E tinha um adulto, que eu não conhecia, de bigodes, sorrindo perto da borda da piscina, um hóspede, que ficava olhando pra mim. Por que é que ele não me ajudava?

Na hora do cara sozinho, eu tenho medo que o homem da borda da piscina apareça.

Entra Pedro, de bigodes (talvez de calção de banho e sandálias), procurando alguma coisa pela sala. Olha pra Patrick. Continua procurando. Patrick receoso.

PEDRO: Cadê a Ana?

PATRICK: Perdão?

PEDRO: Eu perguntei "Cadê-a-Ana?".

PATRICK: Que Ana?

PEDRO: Ah, o senhor não conhece a Ana?

PATRICK: Eu conheço várias Anas, mas não sei a qual exatamente o senhor está se referindo.

PEDRO: A Ana que está hospedada neste quarto.

PATRICK: O que é que tem?

PEDRO: Eu falei com ela hoje, a gente combinou de ela cuidar dos meus filhos esta noite. Ela disse que iria do bar em que ela trabalha direto lá pra casa, mas até agora não apareceu, eu tô precisando sair, minha mulher já tá no carro, impaciente, "porque a gente vai chegar atrasado no jantar, porque a gente sempre chega atrasado, porque o Marido da Maria Lúcia sempre compra um vinhozinho pros amigos da Maria Lúcia e eu nunca faço o menor esforço pra ser simpático com os amigos da minha mulher...", e aqui estão as chaves lá de casa, é nesse mesmo prédio, bloco II, apartamento 1113. O número do meu celular (tem Danoninho na geladeira), a gente deve voltar lá pelas duas, três da manhã. Eu deixo os meninos com o senhor. [*vai saindo*]

PATRICK: E cadê os meninos?

PEDRO: [*estanca*] Perdão?

PATRICK: Eu perguntei "cadê-os-meninos?".

PEDRO: [*estranhando a cegueira de Patrick e apontando pra plateia*] Aqui.

PATRICK: [*assustado com a quantidade de crianças*] Uff... A sua mulher deve estar exausta.

Pedro sai. Patrick fica um tempo pensando no que fazer pra entreter a gurizada (cá entre nós, talvez oprimido pela pressão de produzir alguma coisa interessante).

PATRICK: Era uma vez... Um homem que cansou de contar histórias. Pronto. E resolveu hibernar. Ele tinha passado 38 anos engajado, implicado, querendo ler todos os livros dos grandes autores, ver todos os filmes dos grandes diretores, ativo, ávido pra descobrir o formato inesperado, o assunto tocante, a faísca que incendiaria as bibliotecas... E no fim, pra quê? Pra quem? Por que é que ele se esfalfava tanto? O que é que ele ganhava com aquilo? Ele achou que 38 era um bom momento pra parar. Ele queria sossego. E dinheiro. Agora ele ia dormir de tarde, assistir televisão, comer batata frita vendo enlatados americanos. Vocês sabem por que as marmotas hibernam? Pra economizar energia (essa é a segunda lição da noite). Algumas moram em lugares onde neva muito. Tanto, que nem dá pra sair da toca no inverno pra procurar comida (e nem adiantaria, porque as comidas também estão todas nas suas próprias casas, vendo vídeo embaixo das cobertas). Pra conseguir passar aqueles meses todos com o pouquinho de alimento que as marmotas conseguem estocar, elas dormem. Se mexem o mínimo possível. Economizam cada pedacinho de energia. Não é que elas durmam esses meses todos sem parar, mas quando elas acordam é só pra abrir ¼ de olho, esticar o braço um pouquinho pra fora da coberta, pegar aquela castanha-do-pará na mesinha de cabeceira, huuumm, nham, nhom, nhom, e voltar a dormir. Esse homem da história resolveu se economizar também. Aí ele pensou... eu posso ganhar na loteria, me vestir de gato e ser adotado por uma família rica, me casar com uma milionária, virar mendigo... E poder deprimir em paz. Não levantar nem pra ir ao banheiro. Fazer xixi e cocô aqui mesmo, sem nem tirar as calças. Passar o dia deitado. Estático. Tendo como único movimento o da minha barba crescendo, o do meu sangue correndo pelas veias, o do meu corpo girando em volta do sol a 30km por segundo.

PATRICK: Professor.

PATRICK: Sim, meu filho?

PATRICK: Muito linda essa história, edificante.

PATRICK: Que bom que você gostou.

PATRICK: Posso contar uma?

PATRICK: ...Pode... se as pessoas não se incomodarem...

PATRICK: Era uma vez uma linda mocinha chamada Cecília.

Patrick com cara de quem ouve a história.

PATRICK: Ela era muito simpática, muito rica. O pai dela vivia viajando, visitando as suas lindas fábricas pelo mundo (a última vez em que Cecília tinha visto o pai tinha sido em 1989). Um dia Cecília estava sozinha no seu quarto, escovando os cabelos antes de dormir, e de repente escutou um barulho na janela, atrás da penteadeeeEEAAAAAAIIIIIIIII!

CECÍLIA: [*entra*] aaAAAI!!

Os gritos estão escritos separadamente mas acontecem meio que ao mesmo tempo, um personagem se assustando com a presença e o grito do outro, assim:

CECÍLIA e PATRICK: aaaaAAAAIII!!

CECÍLIA: Que que você tá fazendo aqui?!?! [*apontando a escova de cabelos pra Patrick*] O que que você quer?!

PATRICK: [*ele mesmo sem saber direito o que está fazendo ali, pego de surpresa, tentando entender*] Calma. Mil desculpas. Não era pra eu estar aqui. Não era pra eu ter entrado aqui, eu não tive outro jeito... Calma, baixa isso, desculpa.

CECÍLIA: Pelo amor de deus, não me machuca. Eu te mostro onde tá o cofre, não faz nada comigo, não toca em mim, não toca no meu corpo, não me olha desse jeito, eu sou uma pessoa indefesa, eu sou uma moça. Você não tem nenhum motivo pra ser violento, eu não tô oferecendo resistência, NÃO GRITA COMIGO!!!

PATRICK: Não, calma, não é isso. [*tentando inventar alguma coisa*] Eu entrei aqui por acaso. Eu tava vindo por cima do muro da faculdade e perdi o ponto de descer do muro, e quando eu vi, tava cheio de carro lá embaixo, eu tinha pulado a grade, então eu não ia ter como voltar pra faculdade, nem como descer dali... E eu vi que eu não ia me formar nunca, e os carros não paravam de zunir lá embaixo, se eu pulasse do muro eu caía no meio da estrada e era atropelado, o único jeito era pular pela árvore até a tua janela. Mas eu já tô saindo, só juntar essas coisas, você me mostra onde é a escada pra saída e eu vou embora.

Patrick tenta colocar algumas coisas na mochila, se atrapalha, aflito, deixa algumas coisas pelo chão.

PATRICK: [*saindo*] Pronto. Desculpa.

CECÍLIA: Nossa, você me deu um susto! Meu coração quase pula pela boca. Fiquei com medo.

PATRICK: Desculpa... Eu não queria ter te assustado... É linda esta casa. Você nasceu aqui?

CECÍLIA: A gente mora aqui há mais de cem anos. A minha bisavó nasceu nesta casa... Ai, eu fiquei tão nervosa.

PATRICK: Desde pequeno eu olho pra tua casa. Sempre achei linda. Essa casa enorme, os tijolos escuros, as janelas grandes, o lustre de vidro que a gente vê da rua, o jardim, as palmeiras... O que eu mais gosto é do lustre de vidro. Sempre fiquei curioso pra saber como é que seria aqui dentro... a temperatura... o cheiro... o silêncio... Tá tudo bem? Você tá tremendo? Você tá chorando? Você tá chorando? Alguém te machucou? Você tá tendo um ataque de pânico? Você quer uma água? Quer fumar um?

CECÍLIA: Quero.

PATRICK: Peraí.

Patrick dá um cigarro pra Cecília. Ela fuma. Um longo momento de silêncio dos dois. Patrick olhando pra casa.

CECÍLIA: Como é a tua casa?

PATRICK: Ah, é pequena, simplesinha. Mas aconchegante. Tem muitos livros, uma estante cheia de laptops, aparelhos de vídeo, uma pilha de vinis perto da porta, muitos DVDs (eu adoro cinema!). Vários que eu ainda não vi. Não dá tempo de ver tudo, né? E agora com a internet, então, a gente tem acesso a tanta informação e não dá conta de... (Casa comigo?) tanta informação a que a gente tem acesso...

CECÍLIA: Hein? "Casa comigo?"?

PATRICK: O quê?

CECÍLIA: "Casa comigo?"?

PATRICK: Hein?

CECÍLIA: Casa comigo! Casa comigo, e aí você vem morar nesta casa. Da qual você gosta tanto. Minha mãe não vai se incomodar de você morar aqui (ela não vai nem perceber que tem mais alguém na casa).

Aí a gente viaja e torra a grana dela toda — em poucos meses! A gente pode levar o lustre de vidro, se você quiser. Você compra umas roupas maneiras, uns óculos Ray-Ban, a gente pode viajar de barco. E você vai ter todos os DVDs que você quiser. Antes de eles serem lançados a gente manda entregar aqui em casa. E a gente contrata uns diretores de cinema e produz uns filmes com você de protagonista, meio mocinho, meio bandido, meio garoto de programa... Tipo aqueles filmes dos anos 70, com o Jean-Paul Belmondo fazendo o ladrão requintado e charmoso...

Patrick diz umas falas do Belmondo, Pedro aparece com os óculos do Godard, um canudo à guisa de piteira e uma câmera Super-8.

PEDRO: [*falando ao mesmo tempo que Patrick e Cecília*] *Io sono veramente affascinato dal lavoro degli attori. Sono innamorato di loro. Credo che siano la magia del cinema. Ah, gli attori! La lora creatività! Il loro talento! Guarda! La bellezza dell'attrice femminile!*

CECÍLIA: ...e termina o filme nos braços da mocinha burguesa, pintada a rímel...

PATRICK: ...linda, manhosa, nua embaixo de um casaco de pele cor-de-rosa, o corpo quente, um close na pele arrepiada em frente da lareira...

PEDRO: [*ao mesmo tempo*] *Bellissima, maliarda, nuda sotto una giacca di pelle rosa, il corpo caldo, un primo piano nella pelle rabbrividita davanti al camino, in un chalet fuori città. Nevica, fa troppo freddo. In mezzo alla...*

CECÍLIA: ...num chalé afastado, no meio da neve...

PATRICK: Alfredo!

PEDRO: *Si, signore!*

PATRICK: Traz uma champanha da mãe da Cecília. Pega a mais antiga que tiver na adega da velha, que a gente tá comemorando um acontecimento muito especial. Não é, meu amor? E manda o Tadaki fazer uns sushis de ova de caranguejo imperial.

PEDRO: *Senza sonnolenza, mio maestro, direttore d'orchestra! Tadaki!!! Sushi!*

CECÍLIA: Ai, meu amor, eu vou te dar tudo! Tudo o que você quiser! O que você quer? Vou te dar um avião, pra gente viajar pra onde você quiser. Você quer ir pra onde? Fala. Qualquer lugar do mundo! Fala, pra onde você quer ir?

PATRICK: Qualquer lugar?

CECÍLIA: É!

PATRICK: Laranjeiras!

CECÍLIA: De avião?

PATRICK: É! Um quarto e sala em Laranjeiras!

CECÍLIA: Laranjeiras! O que mais você quer? Fala! Qualquer coisa!

PATRICK: [*suspense*] Um filho!

CECÍLIA: [*em lágrimas*] Eu te dou! Amor da minha vida! O que mais? Fala uma coisa bem extravagante, que você tenha desejado a tua vida inteira. Eu vou viajar pra qualquer lugar, até o fim do mundo, pra buscar isso pra você, e quando eu voltar você quer que eu traga o quê?

PATRICK: Esse teu sorriso lindo.

Cecília derrete. Ela e Patrick beijam-se apaixonadamente.

PEDRO: *È un professionale!*

CECÍLIA: Ai, meu amor, que bom. Que bom que você chegou. Demorou tanto. Demorou tanto. Mas eu me guardei. Pra você. Ainda deve ter alguma coisa de preciosa dentro de mim. Em algum lugar, e você vai encontrar. Você vai procurar muito, por todos os buracos. Vai procurar longamente, por noites a fio, e vai encontrar. E vai me dar de presente. E eu vou ser muito feliz. Eu vou viver feliz pra sempre. E vou te fazer muito feliz também. Vou comprar uma lancha pra gente. Vamos pro mar esse fim de semana! Esse fim de semana vai ser no mar! Amanhã começa o primeiro fim de semana mais feliz da minha vida. O primeiro de muitos, de todos! Amanhã de manhã bem cedo vamos pro mar! Antes do sol nascer!

PATRICK: Ai, que delícia! Nunca mais eu vou acordar cedo em toda a minha vida!

CECÍLIA: Nunca! Amanhã às cinco da manhã a gente vai pro mar! Ai que vontade de sol, de luz...

PATRICK: ...de mar, de montanha...

CECÍLIA: ...de língua, de fogo, de neve!

PATRICK: ALFREDO!!!

PEDRO: *Maestro!*

PATRICK: Alfredo, Alfredinho, pega uma roupa toda negra pra mim, um terno negro, bem-cortado, pede pro Antonio uma camisa de gola rulê negra, bem confortável, ou um vestido justo, elegante, negro, com uma fenda comprida, negra, aqui na coxa, e fala pro Walmir tirar um conversível da garagem.

PEDRO: *Walmire! L'auto!!*

CECÍLIA: Por quê? Pra onde a gente vai?

PATRICK: Eu vou sair.

CECÍLIA: Como assim, vai sair? Quem mandou você sair? Vai sair pra onde? Que história é essa? "Vou sair."

PATRICK: Ai, Cecília, eu preciso sair. Distribuir uns currículos, pegar umas louças pra você, uns colares, uns DVDs pra gente assistir na viagem.

CECÍLIA: Nada disso! Você tem que pegar é no meu DVD! Meu amor! Você não vai sair. Fica! Pelo amor de deus!

PATRICK: Mas eu tenho que ir, Cecília, as pessoas já devem estar querendo voltar pras suas casas. Eu não posso querer que elas deixem as casas à minha disposição a noite toda... Tá tarde. É o meu trabalho.

CECÍLIA: Coisa nenhuma! O teu trabalho é ficar aqui, do meu lado. O teu trabalho é dizer que eu tô linda. É me chupar direito. O teu trabalho é apanhar a cinza do cigarro que eu joguei no tapete. É limpar o cocô de cachorro na sola do meu escarpin! Entendeu? Seu merda! Seu puto! Interesseiro de merda. Mais um interesseiro de merda na minha vida! Nunca me amou. Nunca me deu carinho! Seu bosta! Sanguessuga. Michê de beira de estrada. Puta do mangue. Você só tá apaixonado pela minha grana! Foi com ela que você se casou.

PATRICK: [*doce*] E você queria que eu me apaixonasse pelo quê? Pela tua bunda caída? Pelo teu egoísmo? Pelo teu mau hálito? Pela tua falta de cultura? Eu vou sair, Cecília. E se não for num carro da tua mãe, eu saio a pé!

CECÍLIA: Você não vai sair! Você não sai mais desta casa. Nunca mais! UHUHUHUHOHOHHAHAHAHAHA [*gargalhada sinistra*] Guardas, guaaardas!

PEDRO: Sim, madame!

CECÍLIA: Prendam este homem no calabouço!

PATRICK: No calabouço?!

CECÍLIA: Cala a boca!

PEDRO: Sim, madame!

CECÍLIA: [*pra Patrick*] Direto pra câmera hiperbárica! Imita uma foca! Alfredo! Dá peixe pra ele!

PEDRO: [*dando peixes pra Patrick*] Tono, salmone, alici, sardine in scatola...

CECÍLIA: ...Banho de óleo fervente! Faz um arco-íris vermelho! [*coisas do tipo: "Imita um elefante! Agora um elefante cantor! Bola de ferro nos pés, chuva de agulhas, linha do tempo, cantora manca, cartola amarela..."*]

Patrick e Pedro obedecem.

CECÍLIA: Ai, Alfredo, agora me beija!
PEDRO: Sim, madame!

Pedro beija Cecília.

CECÍLIA: Os dois se beijam na minha frente!!

PEDRO e **PATRICK:** Sim, madame!

Os dois se beijam na frente dela. Cecília louca de desejo!

CECÍLIA: Agora todo mundo me beija!!!

PEDRO e **PATRICK:** Sim, madame!!

Todo mundo se beija.

CECÍLIA: Ai, mas que farra maravilhosa!

O beijo evolui para uma dança de três. Depois, Pedro segue dançando sozinho, Marina vai pra trás de um balcão, secar uns copos, Patrick vai falar com ela.

PATRICK: Oi.

MARINA: Oi.

PATRICK: Você é nova aqui?

MARINA: Sou. Mais ou menos. Tô cobrindo uma garçonete, que foi ter nenê.

PATRICK: Patrick. Prazer.

MARINA: Marina. Você aceita um Good Morning Starshine?

PATRICK: Aceito, você sabe fazer?

MARINA: Não. Me ajuda?

PATRICK: Ajudo. Você fica aqui até tarde?

MARINA: Até o último cliente. Você se machucou?

PATRICK: Eu tô saindo com uma mulher meio complicada.

MARINA: Uma lutadora de boxe?

PATRICK: ...Meio possessiva.

MARINA: Ah, se eu tivesse um namorado bonito assim, eu também seria.

Tempo bom.

PATRICK: Você tem mertiolate em casa?

MARINA: Não vou poder sair com você.

PATRICK: Por quê?

MARINA: O meu pai, vai me levar em casa. Ele é ridículo!

PATRICK: Bom... Bem-vinda ao time. Eles são todos meio ridículos. Não são?

MARINA: É, mas eles não vão pra boate onde a filha deles trabalha, pra ficar pagando mico na pista de dança.

PATRICK: Ah.

MARINA: O patrão já veio falar comigo que ele "é muito espaçoso, a pista é pequena, o discotecário já tá reclamando...". No começo os clientes gostavam, achavam engraçado aquele palhaço véio no meio do salão. Mas depois de um tempo as pessoas querem dançar (e não necessariamente com ele). Eu morro de vergonha. Quando eu vim trabalhar aqui, ele ficava no sofá lá de casa, acordado até de manhã, esperando eu chegar. Aí, eu conheci um cara, conheci outro, fiquei umas noites sem ir pra casa, e ele passou a vir me buscar. Ficava no carro aí fora. E agora é isso. Eu chego pra trabalhar, ele já tá aqui. E começou a beber. Toda noite. E o corpo dele não dá conta. O coração dele é muito fraco. O ar aqui é pura fumaça de cigarro. Eu tenho medo que alguma coisa aconteça.

Pedro chega perto deles.

MARINA: Oi, pai. Esse é o Patrick.

PEDRO: Oi, Patrick.

MARINA: Patrick, esse é o meu pai.

PEDRO: Oi, papai.

PATRICK: Prazer.

PEDRO: Patrick, eu queria conversar com a minha filha.

MARINA: Ih... [*bota uma chupeta na boca*]

PEDRO: E eu adoraria ter essa conversa sem que a minha filha estivesse com uma chupeta na boca.

MARINA: Ai, pai, que saco! Você não conhece outro assunto, não?

PEDRO: ...

MARINA: Cara, eu gosto da minha chupeta, ela me faz bem. Você não consegue entender?

PEDRO: Eu não consigo entender uma palavra do que ela fala com essa chupeta na boca.

MARINA: ...Ela me tranquiliza, me ajuda a dormir. Esse mundo é muito grande pra mim.

PEDRO: Eu sei, meu amor, ele é muito grande pra mim também, pro seu amigo, [*apontando pra plateia*] pra eles. Essa chupeta te tranquiliza mas também faz mal pros teus dentes. E você vai reclamar de que ficou dentuça porque o teu pai te deixou usar chupeta até tarde. Então, se você vai reclamar de qualquer jeito, eu prefiro que você reclame por eu ter tirado a tua chupeta.

MARINA: Pai, se eu ainda preciso da chupeta, é porque me falta alguma coisa. Merda! Você acha que eu uso chupeta por quê? Pela falta de quem? Você tinha era que resolver isso. Resolver a parada pela raiz. Conseguir me deixar segura a ponto de eu mesma querer largar a chupeta. É óbvio que eu acho ridículo uma criança da minha idade sair de casa com uma chupeta atochada na boca. Óbvio que me incomoda ver todas as minhas amigas sem chupeta, que eu acho que chupeta não combina com vestido de princesa, mas eu não consigo fazer de outro jeito. E não adianta você tirar a minha chupeta, porque eu não vou encarar o vazio que vai ficar no lugar dela, eu vou virar fumante, ou roedora de unha, uma glutona inveterada, obesa, uma chupadora de pica insaciável.

PEDRO: Você vai descobrir que não é tão difícil assim. As crianças só sofrem nos três primeiros dias sem chupeta (terceira lição da noite). Depois do terceiro dia é como se elas nunca tivessem precisado desse apêndice. Elas descobrem uma força que é delas, que não depende de nenhum elemento exterior!

MARINA: Ah, você falando é facílimo!

PEDRO: E se for fácil? Vamos tentar? A gente combina assim: você passa três noites sem a chupeta, se depois da terceira noite...

MARINA: Pai, você tá me pedindo muito. Eu não posso fazer esse trato com você. Eu *não consigo* dormir sem a chupeta. Entendeu?

PEDRO: Você nunca dormiu sem chupeta pra saber se você consegue ou não!

MARINA: Eu gostaria, mas eu não consigo! Eu preciso dela! Agora é muito fácil você se eximir da responsabilidade, jogar pra mim essa decisão. Você é quem tinha que assumir o seu papel, assumir a situação e dizer: "Não vai mais chupar a chupeta e acabou!"

PEDRO: Pois você não vai mais chupar chupeta.

MARINA: Como é que é?

PEDRO: Não vai mais chupar a chupeta e acabou!

MARINA: Você tá louco? Quem é você pra me dizer o que eu faço e o que eu não faço?

PEDRO: Eu sou o seu pai.

MARINA: Você não tem autoridade pra tirar essa chupeta de mim!

PEDRO: Você não me dá autoridade! Me ajuda, filha!

MARINA: Você não sabe qual é o horário da minha escola, não sabe o nome da minha professora, e agora quer bancar o *Dr. Sabe-tudo*? Você acha que falando você vai conseguir alguma coisa, cara? Você não tem moral pra isso. Você tinha era que agir, arrancar a chupeta da minha mão. Na marra. Mas você não consegue tirar de mim essa chupeta!

Pedro arranca a chupeta da boca de Ana, na marra. Ela pula em cima dele, rolam pelo chão qual dois animais em fúria.

PEDRO: Me dá essa chupeta!

MARINA: Seu covarde, machão! Usando a violência contra uma criança! O único argumento que você conhece é a brutalidade! Me dá minha chupeta. É minha!

PEDRO: Cala essa boca! Larga a chupeta! É pro teu bem que eu faço isso!

MARINA: Você não sabe dialogar! Você não sabe conversar e convencer as pessoas pela argumentação! O teu negócio é resolver na marra. Ou então desaparecer, abandonar a tua filha e sumir no mundo. Vai embora, pai, abandona a tua família!

PEDRO: Ai, chega, Marina, que saco! Chega de reclamar! A vida é dura mesmo. É assim pra todo mundo. Enquanto você fica se fazendo de vítima abandonada, você não sai do lugar. Não tem ninguém pra te tirar desse buraco onde você tá se enfiando. Sai daí! A vida que você tem é essa, o pai que você tem é esse, e é com isso que você vai ter que se virar. E vai respirar fundo, abrir a porta e ir pra frente. E vai dar os três passos sem a chupeta.

MARINA: Não vou, pai, não vou conseguir.

PEDRO: [*enquanto se colocam lado a lado, de mãos dadas*] Vai, sim, filha, você é forte. Vamos lá: Um!

Dão um passo pra frente, Marina cai no chão.

PEDRO: Não. Em pé, em pé, em pé. Três em pé. Você fica em pé. Sem a chupeta. Vamos lá.

Pedro ajuda Marina a levantar, voltam a ficar lado a lado, de mãos dadas.

MARINA: Não consigo, pai, eu vou morrer.

PEDRO: Consegue, sim, filha, você é linda, e papai tá aqui. Papai tem muito orgulho de você. Vamos lá: Um!

Dão mais um passo, ela cai.

PEDRO: Não, filha. Fica em pé, tá? Nos três passos você fica em pé. Até o fim. Vamos lá: Um!

Dão mais um passo, ela não cai. Orgulho, expectativa.

PEDRO: Dois!

Dão mais um passo, Pedro cai.

MARINA: Ai, eu sabia que você ia fazer isso!

PEDRO: [*levantando animado*] Mas é óbvio, filha, é maravilhoso, eles se escangalham de rir. Na terceira vez, você quebra... É um clássico, igual ao papai.

MARINA: Sempre!, eu sei o que você vai fazer, você vai lá e faz.

PEDRO: E isso é bom. Você sabe o que você pode esperar do seu velho pai.

MARINA: Eu espero o pior e você faz.

PEDRO: Vamos lá.

MARINA: Você vai cair?

PEDRO: [*animado*] Não sei... Um.

Um passo.

PEDRO: Dois.

Mais um passo, os dois caem, mudança de luz e música.

MARINA: [*respirando com dificuldade, talvez falando por um walkie-talkie*] Alô, base? Alô? A criatura está solta. Ela se apoderou de nossas armas e nossos respiradouros. Ela cravou os seus dentes horríveis no braço de McGaunaham, sua mandíbula é impressionante, são cinco fileiras de dentes enormes e afiados, apontados pra frente. Vamos tentar retardá-la enquanto pudermos, mas vocês precisam agir rápido. Travem todos os portões e não saiam enquanto as patrulhas não voltarem.

PEDRO: Alô, base? A criatura dilacerou com seus dentes horríveis e dentuços o meu cabo de contato com a nave. Eu calculo ter ainda uns oito ou sete minutos e meio de oxigênio e comunicação. Se vocês estiverem me ouvindo, por favor, digam à Menina, que eu vou pensar nela até o último minuto. Eu olho pra terra redonda lá embaixo e o que eu vejo é o rosto dela... Meu corpo está se descolando da estrutura. Eu estou entrando em órbita.

MARINA: McGaunaham!

PEDRO: Eu estou solto no espaço.

MARINA: McGaunaham!! Por que é que você vai embora? Por que você não deixa eu te agarrar? Não me deixa sentar do teu lado, com calma, a gente escutando o silêncio um do outro? Não me deixa agarrar a bolinha de dentro dos teus olhos, que vive correndo de um canto pro outro da sala? Sempre em trânsito. Um fogo de artifício depois do outro. E nada se estabelece.
A única coisa que fica, como se fosse num disco, que parece estar indo adiante, mas que passa sempre pelo mesmo ponto, é a tua ausência. A tua ausência. A tua ausência. Que se impõe pela repetição, a tua ausência, que vai ganhando sentido, densidade, corpo, volume. Como num livro de uma palavra só, Ausência, impressa, sozinha, no centro de 92 páginas, que a gente vai entendendo melhor a cada página virada, que a gente não entende se tentar ler seguindo as linhas horizontais, mas que precisa ser lido furando as páginas, através do livro, como se você escrevesse com os dentes, como um cupim, arrancando do papel, ao invés de colocar. E eu te procurasse não no que está escrito, mas no buraco vazio que ficou atrás de você.
Por que é que você vai me abandonar? Vai me deixar tão sozinha? Por que é que você vai morrer tão cedo? Egoísta! Por que é que você vai querer que seja eu a menina sem pai da escola? A menina que não tem o que contar pra roda no Dia dos Pais? Por que é que você não vai estar do meu lado quando eu precisar? No dia em que eu achar que fiquei maluca pra sempre, por causa de um chá de cogumelo? No dia em que o professor Chico me oferecer uma carona depois da aula, com um sorriso estranho? No dia em que o oculista me

disser que eu preciso de óculos pra vista cansada? Quando a minha neta cortar a mão na janela da minha casa?

PEDRO: Não se preocupa, filha. Um dia eu vou voltar. Vou tocar a campainha da tua casa e vou dizer que eu não tinha morrido. Que eu tava escondido atrás de uma moita, esse tempo todo, cuidando de você.

MARINA: Desculpa... Eu não consigo te reconhecer nesse homem velho e curvado.

PEDRO: Então eu vou te abraçar. E você vai caber inteira nos meus braços, e a memória do calor do meu peito vai te dar a certeza de que sou eu mesmo. E a gente vai compensar todo o tempo perdido, vai passear de carro na beira da praia, naquele meu Passat verde-água, lembra? Pela primeira vez, você vai sentar no banco do carona, do meu lado, e você é quem vai escolher a estação do rádio que a gente vai ouvir. E você vai dizer:

MARINA: Eu parei de usar chupeta. Eu dei ela pro coelhinho. Mas eu não consigo dormir. Me conta uma história?

PEDRO: Conto. Vou te contar uma história do seu avô. Um dia, Vovô Deolíndjio tava caminhando pelo sertão, e quando ele chegou perto de um açude, viu que a água toda tinha secado. E ao invés de água, o que ele encontrou foi um enorme lamaçal...

PATRICK/SAPO CANSADO: How.

PEDRO: Perdão?

PATRICK/SAPO CANSADO: How.

PEDRO: Desculpa, a gente não tá entendendo a proposta.

PATRICK/SAPO CANSADO: Sapo Cansado querer participar.

PEDRO: Tá. Olha... A gente tá num dos momentos mais bonitos da noite, é o reencontro da filha com o pai. É um momento nosso, onde eu tô contando uma história pra ela...

PATRICK/SAPO CANSADO: Sapo Cansado querer participar história.

PEDRO: Tá. É muita gentileza, mas... Desculpa... não é uma história de índios... Tá? Não tem índios na história... nem sapos.

PATRICK/SAPO CANSADO: Não ter problema. Sapo Cansado saber fazer muito personagem. Sapo Cansado gostar de contar história. Lá na tribo, Sapo entreter todo mundo, noite inteira...

MARINA: Conta uma história de bebê, Sapo Cansado!

PEDRO: Peraí, filha, você tá do meu lado! Não era eu que ia contar a história?

PATRICK/SAPO CANSADO: Sapo conhecer história linda de bebê.

PEDRO: Mas não é uma história de bebê, é uma história de vovô. É o contrário! E eu tô contando. Sozinho!

PATRICK/SAPO CANSADO: Em homenagem a pai de menina, Sapo Cansado contar história de Bebê... *Chorão*. Um dia, reserva, horário pôr do sol, cotovia sobrevoando riacho, tribo toda escutar barulho vindo ao longe...

PEDRO: ...era a botina de Vovô Deolíndjio, caminhando, SOZINHO, por um beco escuro...

PATRICK/SAPO CANSADO: Reserva não ter beco.

PEDRO/VOVÔ DEOLÍNDJIO: Pois Deolíndjio foi na venda, seu cabra, comprou tijolo, cimento, e construiu um beco ali, na hora. E ainda pintou o beco de preto, que era pra ficar ainda mais escuro!

PATRICK/SAPO: Então, Sapo Cansado escutar voz de bebê dizendo:

Sapo fazendo a voz do Bebê, mas ainda com o sotaque do índio, com a mãozinha na orelha, como se escutasse e reproduzisse as falas de Bebê Chorão.

PATRICK/SAPO/BEBÊ CHORÃO: Mim tá com medo! Mim tá sozinho nesse beco malfeito, com argamassa velha.

PEDRO/DEOLÍNDJIO: E Deolíndjio perguntou: "Mas seu cabra, o que é que tu estás fazendo, então, nesse beco escuro a uma hora dessas?!? Ninguém te chamou aqui e já vão bater as doze badaladas." E o bebezinho respondeu:

PEDRO/DEOLÍNDJIO/BEBÊ: [*Deolíndjio imitando o Bebê*] "Não sei. Acho que entrei na história errada. Me meti sem ser chamado. Me desculpe. Vou-me embora. Tchau."

PATRICK/SAPO: Depois disso, Sapo Cansado escutar Bebê ao longe dizendo:

PATRICK/SAPO/BEBÊ: "Mim não vai embora, não. Mim mudar de ideia e ficar aqui. Mim gostar desse lugar. Tomar coragem. Graças ajuda de minha chupetinha."

Marina fissura.

PEDRO/DEOLÍNDJIO: Seu cabra!!! Tu não estás vendo que eu tô tentando distrair a menina?! E tu me vens justamente com esse assunto de chupeta!?!

PATRICK: Cara, não é assim que se educa uma criança.

PEDRO/MEIO DEOLÍNDJIO: Mas não é uma história de chupeta! Não tem chupeta na história!

PATRICK/SAPO: Então Sapo ouvir Bebê respondendo:

PATRICK/SAPO/BEBÊ: Desculpa. Me esqueci. É que mim gostar muito de minha chupetinha. Ela ser tão molinha, tão macia, ter cheirinho tão doce, ser tão gostosinha de morder no cantinho da boca.

Marina lôôca!!! Cravando as unhas no sinteco.

PEDRO/DEOLÍNDJIO: Mas, homem, você quer morrer? Fale grosso, seu cabra, seje homem. Fica aí choramingando feito moça! Largue essa chupeta! Enquanto você fica aí, se fazendo de vítm...

O "vítima" de Deolíndjio tem o "a" mudo e um "v" gutural, nordestino, que soa como um "r".

MARINA: O quê?

PEDRO/DEOLÍNDJIO: ...enquanto você fica aí, se fazendo de vítm!

PATRICK: Ritmo?

PEDRO/DEOLÍNDJIO: "Vítm"! Com "vê"! [*novamente, "vê" como "rê"*] Enquanto você fica aí, se fazendo de vítm, você não sai do lugar! Tenha força de vontade. Se ampare na filosofia oriental. Pense em Sugiro Mifune, que escreveu no século XIV (antes de Cristo):

PEDRO/DEOLÍNDJIO/SUGIRO MIFUNE: Um dia, Sugilo caminhano sozinho pela colina encontlou Bebê dizeno:

PEDRO/DEOLÍNDJIO/SUGIRO/BEBÊ: Aaaaiiiiiiii... Bebezinho muito tliste. Muito dependente de chupetinha. Plecisá se libeltá.

PEDRO/DEOLÍNDJIO/SUGIRO: Então Sugilo sugelir que Bebê caminhar até topo de colina e jogar a chupetinha lá de cima.

PATRICK/SAPO: Balela. Sapo Cansado escutar Bebê dizendo:

PATRICK/SAPO/BEBÊ: Não! Mim não jogar! Mim guardar chupetinha escondida na fronha do travesseiro. Mim achar história de colina cafona.

PEDRO/DEOLÍNDJIO/SUGIRO: Bebê jogar chupeta! Agoóóla!! Ou queler conhecer fúlia ancestlal de punhos de aço?!

PATRICK/SAPO: Então Bebê Chorão chorar por três dia e três noite. Montar no pônei sagrado até topo de colina e dizer:

PATRICK/SAPO/BEBÊ: Bebê não gostar de violência na frente de menina. Achar que violência fazer mal à saúde de criança. Adeus, minha chupetinha querida...

MARINA/COELHINHO ROBERVAL: E a chupetinha caiu lá embaixo, dentro da toquinha do coelhinho Roberval. Ele disse: "Puxa, acho que eu bebi demais! Tô vendo chover chupetinha. Hum... Que gostosinha!!!"

PATRICK/SAPO: E Bebê Chorão dizer:

PATRICK/SAPO/BEBÊ: Não acredito! Um coelhinho, que lindo! Eu quero levar ele pra casa! Você quer morar comigo? Eu imagino ele dizendo:

PATRICK/SAPO/BEBÊ/ROBERVAL: Puxa, como é linda a sua casinha! Quanta cervejinha! Tão aconchegante!

PEDRO/SAPO CANSADO: Nada disso, Coelhinho Roberval não poder ir pra reserva. Coelho ser roedor perigoso. Ficar dentuço por causa de chupeta. Sapo Cansado confiscar chupeta. E Coelhinho ficar solteiro pra sempre.

MARINA/ROBERVAL: Então dá pelo menos um iogurte de garrafinha pra filha do Pedro. Ela tá com muita dificuldade de dormir sem a chupeta.

PEDRO/SAPO: Filha de Pedro já ter escovado dente. Iogurte de garrafinha só amanhã.

PATRICK/BEBÊ: Aí, o Bebê Chorão pegou na mãozinha peludinha do Coelhinho Roberval e eles fugiram pra reserva!

PEDRO/MEIO DEOLÍNDJIO: Não fugiram, não. Porque o Vovô Deolíndjio não deixou. Porque essa história da bexiga tá excitando a menina em vez de acalmar. Vai todo mundo dormir agora! Sem chupeta!

PATRICK/SAPO: Vovô Deolíndjio ser muito careta.

PEDRO/DEOLÍNDJIO: Careta tu vais fazer é agora, seu cabra, com meu beijinho de boa noite! Que é de língua! É na beiçola!

PATRICK/SAPO: Sapo não gostar beijo de língua.

PEDRO/DEOLÍNDJIO: Pois desse tu vais gostar. [*correndo atrás de Patrick*] Venha, que hoje tu vais virar é príncipe! Me dê um cheiro!

PATRICK/SAPO: Sapo Cansado ser homofóbico.

PEDRO: ...Venha, que Vovô adora um exercício de linguagem.

Pedro sai correndo atrás de Patrick. A perseguição vira uma dança. Tempo.

PEDRO: [*amorosamente, quando vê Ana entrando*] Ô, meu amor, você voltou. Me dá a tua bolsa, fiz uma sopa pra gente.

ANA: Ai, tô exausta... As crianças eram superagitadas...

PEDRO: Tinha criança no bar? Era um bar mirim? Uma matinê?

ANA: Que bar?

PEDRO: Você saiu daqui dizendo que ia trabalhar num bar.

ANA: Não, Pedro, isso foi depois. Eu disse que eu ia cuidar de umas crianças. No bar eu só pego tipo meia-noite e meia.

PEDRO: Nossa, que dureza.

ANA: E você?

PEDRO: Eu?

ANA: É.

PEDRO: Tudo bem.

ANA: Você tava dançando?

PEDRO: Não.

ANA: "Não."?

PEDRO: "Dançando", "dançando", não. Era uma movimentação... Meio livre, meio gaiata... Ai, meio chato, puxado...

ANA: Sozinho?

PEDRO: Com o Patrick.

ANA: Hein?

PEDRO: Com o Patrick.

ANA: Você tava gostando?

PEDRO: Não.

Tempo. Ana olhando Pedro.

PEDRO: Imagina. Claro que não.

ANA: Por que "claro que não"?

PEDRO: ...

ANA: Eu vi um pedaço, antes de entrar.

PEDRO: Que legal.

ANA: Parecia que você tava gostando.

PEDRO: Bom... A gente se esforça, né?, tenta trazer um pouco de vida pra não ficar tedioso pra eles... não pedirem o dinheiro de volta.

ANA: Parecia que você tava gostando mesmo. Não parecia que você tava fingindo.

PEDRO: Então tentei bem, né? Consegui passar a sensação...

ANA: Muito bem!

PEDRO e ANA: "Parabéns!"

ANA: Você gosta de dançar?

PEDRO: Não.

ANA: Gosta de música?

PEDRO: Não.

ANA: Gosta de passear no parque?

PEDRO: Não.

ANA: E se for com a sua filha?

PEDRO: Gosto.

ANA: Gosta de dançar comigo?

PEDRO: Muito.

ANA: Gosta de ouvir música comigo?

PEDRO: Gosto.

ANA: Gosta de cantar pra mim?

PEDRO: Adoro.

ANA: Gosta de me ouvir cantar?

PEDRO: Gosto.

ANA: E se eu desafinar?

PEDRO: Acho que eu gosto ainda mais.

ANA: E se enquanto eu desafinar eu estiver batendo em você e despejando suco de laranja em cima do seu computador?

PEDRO: Gosto.

ANA: Gosta de me ver sofrer?

PEDRO: Gosto.

ANA: Gosta de mentir pra mim?

PEDRO: Gosto.

ANA: [*analisando a reação de Pedro*] Gosta de ficar três horas numa fila de banco... Com o sapato menor que o teu pé... Um dente doendo... Apertado pra fazer xixi... Pedra nos rins... Na minha companhia?

PEDRO: ...Hum... Gosto.

ANA: E você não tava gostando de dançar?

PEDRO: Não, "eu não estava gostando de dançar". Por que é que eu taria gostando de dançar?

ANA: Pedro, você tava.

PEDRO: Não tava.

ANA: Meu amor, eu vi que você tava dançando e que tava gostoso. Por que é que você não pode me dizer que você tava em casa, colocou um disco na vitrola, sentiu o teu corpo mexendo, aos pouquinhos, e você começou a dançar, e foi gostoso?

PEDRO: Porque eu tenho medo.

ANA: Medo? De quê, Pedro?

PEDRO: De você ficar chateada...

ANA: ?!?

PEDRO: E com razão, pelo fato de você estar trabalhando, de noite, dando duro pra trazer dinheiro pra casa, enquanto eu tô aqui, me divertindo, e achando gostoso.

ANA: Pedro, você tá me ofendendo muito.

PEDRO: Por quê?

ANA: Você acha que eu sou o quê, uma monstra? Uma jararaca sanguinária?

PEDRO: Eu não tô falando de você, Ana, você é ótima! Tô falando de mim.

ANA: Você acha mesmo que eu vou me chatear porque você tá fazendo uma coisa que te faz bem? Você precisa se tratar, cara, você tá projetando em mim uma fantasia muito louca. Tá me colocando num lugar muito desconfortável. Eu fico com medo de você. Como se eu não te conhecesse. Você acha que eu te quero preso, apático, sem vida? Eu te quero feliz, meu amor, te quero pleno.

PEDRO: Ana, isso tá claro, o problema sou eu. [*pra plateia*] Ela sempre me estimulou a estar com meus amigos, a ver a Sessão da Tarde, eu é que tenho essa dificuldade de me botar pra fora.

ANA: Então bota pra fora, meu amor! Fala pra mim, você tava?

PEDRO: O quê?

ANA: Dançando.

PEDRO: Tava. Já disse que tava.

ANA: E tava gostando?

PEDRO: [*pausa, expectativa*] Tava.

ANA: Seu monstro! Seu bandido!!! Como é que você me apronta uma dessas, Pedro!?!! Eu lá ralando o coco feito uma jumenta, suando sangue pra trazer dinheiro pra casa, e você aqui se divertindo!?! Como é que você faz isso comigo? Vai já pra sua jaulinha!

PEDRO: Que jaulinha, Ana?

ANA: Pra jaulinha, agora! Em silêncio! Virado pra parede!

PEDRO: Ana...

ANA: Ó!

PEDRO: Ana, não faz o menor sentido, eu sou seu marido, eu tenho 38 anos...

ANA: Pedro, quais são os três passos do bom castigo?!

PEDRO: Que "bom castigo"? Do que é que você tá falando?

ANA: Primeiro:

PEDRO: Para com isso, Ana, pelo amor de deus...

ANA: De frente pra parede. Segundo:

PEDRO: Ana, você tá louca, olha pra mim, respira...

ANA: [*ameaçadora*] Sozinho, sem falar com ninguém. Terceiro:

PEDRO: [*indo pra um canto, cabisbaixo*] Refletir sobre o que eu fiz, até descobrir por que eu mereci o castigo.

ANA: E só sai quando eu mandar.

Ana sai, Pedro reflete. Tempo.

PATRICK: Oi.

PEDRO: [*sussurrando aflito*] Desculpa, eu não posso ser visto com ninguém agora. Eu estou ocupado, não posso conversar com estranhos!

PATRICK: Eu vim falar com você.

PEDRO: Cara, sai daqui! Vai embora, pelo amor de deus, não fala comigo!

PATRICK: Eu sou a verdade.

PEDRO: ?

PATRICK: A verdade e a luz.

PEDRO: Como assim?

PATRICK: Eu sou o Uno, o todo, a verdade do mundo, eu sei de tudo, eu sou tudo e tudo sou eu.

PEDRO: Como assim, você... adivinha o futuro?

PATRICK: Não. Eu sou o futuro. O presente. E o passado. Você também.

PEDRO: Mas como é que eu sei que você é a luz?

PATRICK: Você sabe.

PEDRO: Você pode me dizer alguma coisa que me aconteceu na infância, que só eu saiba, que me ajude a acreditar numa pessoa que aparece na minha casa e diz: "Oi, olá, eu sou a conexão internacional, o Uno..."?

PATRICK: Daqui a dois anos você vai estar em frente ao espelho do seu armário, vestindo uma calcinha da sua mulher e se masturbando.

PEDRO: Ai, que absurdo! Que imagem patética.

PATRICK: ...

Tempo.

PEDRO: Uma xadrezinha, meio retrô?

PATRICK: Não, uma listrada, vermelha e branca, altinha aqui na lateral.

PEDRO: Pfff... Que bobagem. Absurdo... Eu me masturbar vestindo aquela calcinha vermelha e branca...

PATRICK: Peraí, tô recebendo uma alteração...

PEDRO: Pronto, tá vendo? Óbvio que eu não vou vestir uma calcinha da minha mulher.

PATRICK: Vai. Mas daqui a 27 minutos.

PEDRO: Cara, o que é que você quer comigo?

PATRICK: Eu te trago a verdade.

PEDRO: Então desembucha.

PATRICK: O mundo é dividido em dois grupos: as pessoas que gostam de ti e as que querem te foder.

PEDRO: Tá.

PATRICK: As que querem te foder se reúnem regularmente, pra combinar como atrapalhar a tua vida.

PEDRO: Merda!

PATRICK: E esse grupo tem se tornado cada vez maior ultimamente.

PEDRO: Eu tenho percebido isso.

PATRICK: Tem toda uma organização no mundo que gira em torno de você, todo um esquema. Eles vão cooptando as pessoas que tão perto de você, como um vírus, uma ameba gigante que vai tomando conta do mundo... Por exemplo: uma pessoa que gosta de ti um dia é convidada pra uma festa com eles. Aí, um deles chega perto do teu amigo, de mansinho, e comenta displicente: "E o Pedro, hein?"

PEDRO: "O Pedro?", "O que é que tem o Pedro?"

PATRICK: "Coisa chata esse egoísmo dele, essa sensação de superioridade, esse desinteresse pelos outros. Quanto mais alto ele acha que tá subindo, mais ele se afasta das pessoas..."

PEDRO: Desinteresse pelos outros?

PATRICK: "Você não reparou? Olha só como ele faz uma pergunta e nem ouve a resposta. Enquanto a pessoa ainda tá respondendo, ele interrom..."

PEDRO: ...é verdade!

PATRICK: E, slupt, esse teu amigo já foi chupado pro time dos malvados. Eles conhecem o teu talento, mas por serem maus não te deixam ir pra frente. Eles te vigiam através de um sistema integrado de câmeras de segurança, escondem a tua carteira, a tua chave quando você tá atrasado pra sair... Cadê o teu celular?

PEDRO: [*procurando nos bolsos*] Meu celular?

PATRICK: [*pra plateia*] Desligam o despertador dele no dia de uma entrevista de emprego...

PEDRO: Cadê o meu celular?

PATRICK: Agora o fino, pra mim, é a coisa da agenda. Eles organizam um quebra-cabeça estruturadíssimo...

PEDRO: Alguém viu um celular? Preto?

PATRICK: ...Eu soube que você vai pra Tailândia.

PEDRO: Vou... É um projeto incrível... Na segunda semana de maio, a gente...

PATRICK: Segura isso!

PEDRO: O quê?

PATRICK: "Segunda semana de maio." Opa, peraí, tem um negócio vibrando aqui... Ih, olha só o que eu encontrei! [*um celular*] Deixa que eu atendo. Oi, é, [*piscando pra ele*] A secretária do Pedro.

PEDRO: [*falando ao mesmo tempo que Patrick*] Para com isso! Me dá esse telefone...

PATRICK: [*ao telefone*] ...Claro, ótimo! Que maravilha, e vocês tão pagando quanto? Tudo isso?

PEDRO: Quanto?

PATRICK: [*ao telefone*] G-zuz! Perfeito! Vai ser a arrancada profissional de que ele tava precisando.

PEDRO: Não fala isso pra eles! Me dá esse negócio!

PATRICK: [*pra Pedro*] Pedro, agora vai! [*ao telefone*] E quando é esse trabalho? [*murchando, sádico*] Ai... segunda semana de maio? Que pena... Pedro, o mundo é mau. E você tá sozinho.

PEDRO: Mas por quê? Por quê?!?

PATRICK: Por nada, por nada, bebê. Por pura maldade.

PEDRO: Ana?

PATRICK: Perdão?

PEDRO: É você?

PATRICK: ...

PEDRO: É você aí dentro?

PATRICK: Desculpa, eu não tô entendendo.

PEDRO: Você é a Ana?

PATRICK: Sou.

PEDRO: A minha mulher?

PATRICK: Sim. A sua mulher, o seu genro Patrick, a sua filha, a sua irmã Marthinha... O Robson, aquele encanador que foi na sua casa, semana passada...

PEDRO: Não, você é a Ana! Disfarçada!!! Ana!!! É você? Como é que você entrou aí dentro? Ana!!!

PATRICK: Querido, o que é que está acontecendo?

PEDRO: Você tá me chamando de querido! Você é a minha mulher. Ana, sai daí!

PATRICK: Eu te chamei de querido, é normal, eu tenho carinho pelas criaturas terrestres.

PEDRO: Você me chamou de bebê.

PATRICK: Eu?

PEDRO: Chamou.

PATRICK: Não.

PEDRO: Chamou, você disse: "Por nada, por nada, *bebê*. Por pura maldade."

PATRICK: Não, eu não uso "bebê", acho cafona.

PEDRO: Disse! Quer ver?

Pedro aperta em Patrick, como quem aperta um botão. Patrick faz som de fita rebobinando, enquanto chacoalha o corpo.

PATRICK: ...Profissional de que ele tava precisando. Pedro, agora vai! E quando é esse trabalho? [*murchando, sádico*] Segunda semana de maio? Que pena... Pedro, o mundo é mau. E você tá sozinho.

PEDRO: Mas por quê? Por quê?!?

PATRICK: Por nada, por nada... [*expectativa*] Por pura maldade.

PEDRO: AAAi, agora você não falou, que sacanagem!!!

PATRICK: Tô brincando, eu tinha falado, sim. "Por nada, *bebê*. Por nada."

PEDRO: Então você é a Ana! Disfarçada! Você me chamou de bebê.

PATRICK: Chamei, é o meu jeito, eu gosto de chamar as pessoas de bebê. É normal.

PEDRO: Não, não é normal! As pessoas na rua não se chamam de bebê.

PATRICK: Ai, tá bom, Pedro, então agora eu não posso mais chamar os outros de bebê?!

PEDRO: Você tá falando igualzinho a ela! Ana, vamos embora? Vamos sair daqui, por favor!!! Tô desesperado! Tira essa barba! Me empresta aquela tua calcinha listrada! Eu tô sufocando! Vamos pra casa?!?

PATRICK: Ah, não, hoje eu não quero ir lá. Hoje eu tô com medo. Quero ir pra minha casa. Esse pijama de zebrinha tá me atrapalhando...

PEDRO: Marina?

PATRICK: Oi.

PEDRO: Meu deus! Vocês se juntaram contra mim. Vocês querem me enlouquecer! Por que vocês fazem isso comigo, sempre!?! Dois contra um é covardia!!

PATRICK: Ai, Pedro, como você é chato!

PEDRO: Eu sou inocente!

PATRICK: O senhor pode me dar licença? O senhor está me atrapalhando. Tem uma porta justamente aí, onde o senhor está. [*aperta o nariz de Pedro*] Blim, blom. Ô, dona Margareth!

MARINA: [*talvez fora de cena*] Minutinho! Tô saindo do banho, a porta tá só encostada, o senhor pode entrar...

PEDRO: Eu quero ajudar.

PATRICK: Por favor, meu senhor.

PEDRO: O que é que eu faço?

PATRICK: Pode sentar ali.

Pedro senta na plateia, sai de cena, ou faz o que quiser.

MARINA: [*sem roupas, enrolada numa toalha*] Ah... Bom dia.

PATRICK: Bom dia. Com licença.

MARINA: Fica à vontade. Eu vou mostrar o banheiro pro senhor. Ai, desculpa, eu tava no banho, não tive tempo de botar uma roupa...

PATRICK: Não tem problema nenhum (muito pelo contrário).

Pausa. Marina registra a frase de Patrick.

MARINA: Olha, é aqui na duchinha, tem algum vazamento... eu tentei trocar, mas não consegui.

PATRICK: É... Aqui a gente precisa apertar o rabicho, é bem simples. A senhora pega a minha chave de fenda, por favor? Dentro da maleta.

MARINA: Claro, tá aqui. Você aceita alguma coisa? Uma água, um aperitivo, um revigorante?

PATRICK: Aceito, obrigado. A senhora se incomoda se eu tirar a camisa?

MARINA: [*assustada*] Não, imagina. Fica à vontade. Esse calor... Nossa, como você é forte!

Ele é forte.

PATRICK: É, a gente faz muita força no trabalho, tem uns canos superduros, eu acabo botando muita pressão. Aí, o corpo fica abrutalhado, sem uma pele macia e cheirosa como a da senhora.

MARINA: Você disse cheirosa? Obrigada. Dá pra sentir o cheiro daí?

PATRICK: Bom, tô imaginando, não é? Vendo essa pele tão delicada, eu... A senhora se incomoda se eu chegar um pouco mais perto?

MARINA: Bom... Não sei... Aqui na nuca... Eu coloquei uma aguinha-de-colônia, bem docinha, não sei se dá pra sentir.

PATRICK: Dá. Mas o cheiro da senhora prevalece e se impõe sobre todos os outros. É um cheiro denso, caudaloso, que a gente quase consegue agarrar. Muito agradável.

MARINA: Obrigada.

Ele volta a trabalhar no encanamento.

MARINA: E esses braços fortes, você não machuca as suas namoradas sem querer? Apertando os joelhos delas como se fossem conexões hidráulicas?

PATRICK: Imagina, eu também sei ser delicado. Eu sei o cuidado com o qual a pele feminina deve ser tocada. Acariciada. Reverenciada.

MARINA: Mas essas costas, esses músculos, a impressão que me dá é que se eu encostar neles sou capaz de machucar os meus dedos.

PATRICK: Também não é assim.

MARINA: Parecem de pedra.

PATRICK: Que exagero, [*tímido*] a senhora pode pegar neles se quiser.

MARINA: Posso?

PATRICK: Claro, fique à vontade. A senhora me alcança ali a fita veda-rosca?

MARINA: Alcanço, tá aqui.

Marina começa a massagear as costas de Patrick. Primeiro sem jeito, depois com apetite.

PATRICK: Que coisa boa... que mãos de fada a senhora tem... mãos de padeiro...

MARINA: Agora relaxa. Deixa o teu corpo receber esse contato e reagir naturalmente, do jeito que ele quiser. Fica à vontade pra liberar os teus instintos e dar vazão a qualquer coisa que você tenha vontade de fazer. Eu tô aqui. Tô aqui com você.

PATRICK: É muito prazeroso, um sonho...

MARINA: E você não quer me massagear um pouco também? Não quer me deixar experimentar o que sentem essas tubulações todas com a aspereza do toque das tuas mãos calejadas?

PATRICK: Quero. Quero muito! Só terminar aqui, um minutinho, que o registro tá aberto e eu não quero que comece a vazar água pelo banheiro de repente.

MARINA: Ai, deixa isso pra lá, seu bobo. A gente resolve isso mais tarde. Quero te mostrar uma outra instalação. No andar de baixo.

PATRICK: Só um minutinho. Se eu não rosquear esse anel agora, começa a espirrar água pra todo lado, é um minuto. Juro... Terminar logo esse conserto... A gente se libera e fica com a cabeça livre pro resto.

MARINA: Pro "resto"!?!

PATRICK: É... pras outras coisas, "pras delícias da vida", "pras maravilhas do epifânico encontro amoroso", "dois corpos se entregando como que se devolvendo um ao outro...". Faz dias que a senhora reclama dessa duchinha, deixa eu terminar esse negócio e a gente fica livre.

MARINA: Ai, que saco. Que banho de água fria.

PATRICK: Rapidinho, Marina...

MARINA: Opa! Marina, não! Pra você é *senhora dona Marina*! Que respeito é bom e eu gosto!

PATRICK: Rapidinho, dona Marina, e o banheiro da gente fica seco de novo. A senhora passou a semana inteira reclamando da "laminha" que eu faço, quando eu saio do banho. A senhora pega lá na área um rolinho de fita isolante, em cima da estante, por favor? Um que já tá aberto.

MARINA: Não pego porcaria nenhuma, seu Patrick. Não pego nada enquanto o senhor não completar o seu serviço.

PATRICK: Mas o que é que eu estou justamente tentando fazer?!?

MARINA: O senhor sabe muito bem do quê eu estou falando.

PEDRO: [*vindo da plateia ou de onde estiver*] É isso mesmo, seu Patrick, o senhor não está cumprindo o combinado. Não está dando conta do recado. Está deixando a desejar. Aquém das nossas expectativas.

PATRICK: Ai, meu cacete. [*pra plateia*] Mais alguém quer se meter na minha vida conjugal?

Pedro beija Marina na boca, na beiçola.

MARINA: Pai, você tá me beijando!?! O que é que você tá fazendo aqui?!

PEDRO: Calma, Ana, eu estou com você. Eu estou defendendo os interesses da nossa família.

MARINA: Pai, eu não sou a Ana, eu sou a Marina, sua filha.

PEDRO: [*confuso*] Marina? [*pra Patrick*] É a Marina?

MARINA: ...

PEDRO: Marina, eu queria falar com a tua mãe.

MARINA: Mamãe não tá aqui, pai.

PEDRO: Deixa eu falar com ela.

MARINA: Ela não quer falar com você.

PEDRO: Por favor, filha.

MARINA: Ai, saco... Manhêêê!

ANA: [*como quem fala de longe, a expressão podendo ser a de Marina, escutando*] Oi!

MARINA: [*falando alto*] Papai tá aqui!

ANA: O que é que ele quer?!

MARINA: Quer falar com você!

ANA: Diz que eu tô ocupada!

Marina faz aquela cara de pois é, parece que ela não quer falar com você. Pena, né? Quem sabe tentando mais tarde, ou outro dia, você não tem um pouco mais de sorte?

PEDRO: [*falando alto*] Ana!

ANA: O quê?

PEDRO: [*mais baixo*] Vem cá.

ANA: [*mais próxima*] Oi.

PEDRO: Oi.

ANA: [*quase doce*] O que é que você quer?

PEDRO: Não sei... Como você tá?

ANA: Tô indo.

PEDRO: A Marina ficou linda!

Marina pode menear a cabeça, como quem diz obrigadinho.

ANA: É, ficou bonita. "Desabrochou."

PEDRO: [*olhando bem de perto o rosto de Marina*] E não tem mais aquela coisa da sobrancelha que junta...

ANA: Ela depila.

PEDRO: Nem se vê. Fica ótimo! [*tempo*] E esse rapaz, o Patrick?

ANA: É ok. Carinhoso com ela. Meio enrolado com trabalho, com dinheiro, mas é gente boa. Eles têm um filho, Tiago.

PEDRO: Tiago?!?

ANA: Um menino lindo, de 7 anos! Levado... E vão engravidar de novo, na segunda semana de maio. Trigêmeos, você acredita? Trigêmeos!!!

PEDRO: Caramba! Trigêmeos, Patrick!?! [*se o Patrick estiver em cena pra escutar*]

ANA: E você?

PEDRO: Tô indo.

Se olham, cúmplices, Ana beija Pedro na boca. Um último beijo de despedida.

MARINA: Pai, você tá me beijando?

PEDRO: Calma, Ana, eu estou com você. Eu estou defendendo os interesses da família. Aliás, eu já estou por aqui com o senhor, seu Patrick.

PATRICK: Ah, é? E por quê?

PEDRO: Porque faz uma hora e vinte que o senhor está dando em cima da minha mulher.

PATRICK: É a minha mulher, Pedro, sua filha.

PEDRO: É a minha mulher!!

PATRICK: É a Marina.

MARINA: Sua mãe.

PEDRO e PATRICK: O quê?!?

MARINA: Sua mãe. Pronto. Acabou a conversa! Vai pra cama, Tico.

PEDRO: Quem é Tico?

PATRICK: Você.

MARINA: Nosso filho, você tem 7 anos.

PEDRO: E o Pedro?

ANA: Pedro é o seu vovô, que você não conheceu. Já escovou os dentes, Tico? Vai fazer xixi e direto pra cama.

PEDRO: E o nome do meu neto é Tico?

PATRICK: Não, Tico, é Tiago.

MARINA: Mas Tico é mais carinhoso.

PEDRO: Não, gente, Tico é podre, não impõe respeito, parece *um tico de gente*.

MARINA: E é isso que você é, nosso tiquinho de gente. Vai pra cama, Tico, que isso não é hora de criança estar acordada.

PEDRO: Mas eu não sou o Tico, sou seu pai, Pedro.

PATRICK: Para com isso, Tico! Chega dessa brincadeira.

PEDRO: Eu sou o seu pai!

MARINA: Tico, o meu pai morreu.

PEDRO: [*interessado e irônico*] Ah, é? Morri como?

PATRICK: Você reagiu a um assalto...

MARINA: Ai, Patrick, eu ouvi um barulho.

PEDRO: Onde?

MARINA: Perto do lustre de vidro.

PEDRO: Eu vou lá.

MARINA: Não, pai, fica aqui!

PATRICK: Pá!...

MARINA: ...Pai!

PEDRO: Que é isso?

MARINA: Pai?!?

PEDRO: Que foi?

PATRICK: Merda!

MARINA: Você atirou no meu pai?

PEDRO: Calma, filha, ele não acertou.

PATRICK: Acertei.

PEDRO: Coisa nenhuma, eu vi a bala passando.

MARINA: Ele acertou, pai.

PEDRO: Merda!

MARINA: PAI!!!

PEDRO: Calma, filha, tá tudo bem. Patrick, você vai precisar ser forte, tá? Marina vai precisar muito de você.

PATRICK: Eu vou fugir!

PEDRO: Isso, meu filho, foge pra bem longe. A gente te dá cobertura e distrai a polícia quando eles chegarem.

PATRICK: Desculpa, Pedro. Foi sem querer.

PEDRO: Eu sei, meu filho, isso acontece.

PATRICK: Como é que eu fiz isso! Pedro!! [*Patrick, todo remorsos, quebra o próprio pescoço*]

MARINA: PATRICK!!!

PEDRO: Minha filha, você vai ter que ser forte, tá? Papai morreu, mas a vida continua. A vida em si. Agora quem carrega a vida da humanidade é você. Desde a Mesopotâmia. E isso é que é bonito.

Marina chora, Pedro e Patrick silenciam. Tempo.

PATRICK: Cara, que loucura!

MARINA: É...

PATRICK: Uma demanda de dinheiro, de tempo, de atenção... A sensação de não ter espaço na cabeça, de não conseguir me concentrar em nada.

MARINA: Eu só me sinto voltando a trabalhar agora.

PATRICK: Já pensou onde é que a gente taria agora se o Tico não tivesse nascido?

MARINA: Não entendi.

PATRICK: Se a gente não tivesse tido filho. Onde é que a gente teria colocado essa grana, essa energia, que trabalhos a gente teria feito nesses 7 anos? Que viagens, que festas? Onde a gente estaria profissionalmente?

MARINA: Do que é que você tá falando?

PATRICK: Eu tô imaginando, tô supondo... Se a gente não tivesse tido o Tiago, como é que seria a vida da gente...

MARINA: Desculpa, Patrick, eu não tô entendendo.

PATRICK: Não tá entendendo o quê?

MARINA: Do que é que você tá falando.

PATRICK: Marina, eu tô especulando, tô lançando uma hipótese, como é que seria a vida, a nossa vida, se o Tiago não tivesse nascido, se a gente não tivesse engravidado. Se a gente tivesse levado camisinha praquele chalé de Mauá, se o teu óvulo não tivesse sido fecundado.

MARINA: Fecundado?

PATRICK: Marina, é uma suposição. Longínqua. Não é uma vontade ou um desejo escondido. Eu adoro o Tico, adoro ser pai. Aliás, falei por falar, só pra conversa avançar. Não tenho a menor curiosidade em imaginar.

MARINA: Imaginar o quê?

PATRICK: Isso, meu amor! Como é que seria a vida da gente hoje, se o nosso filho não tivesse nascido, se nós fôssemos duas pessoas do mundo, livres, leves, tônicas, felizes, vorazes, carnívoras, sem filhos.

MARINA: Eu não tô entendendo.

PATRICK: Não precisa. Não precisa entender. Foi um negócio que eu falei por falar, uma frase sem sentido, eu tava distraído, vi uma folha caindo na janela, saí juntando umas palavras sem nexo, tipo "por que aquarela desemboca maxixe?" Deixa. Vamos mudar de assunto, você quer ir ao cinema?

MARINA: Peraí, Patrick...

PATRICK: O filme que você quiser...

MARINA: Para, Patrick! Agora eu fiquei curiosa. Você não pode me explicar do que cê tá falando? É um sacrifício extraterreno você descer do seu pedestal e explicar pra uma simples mortal do que é que você tá falando?

PATRICK: Marina, foi uma pergunta. Uma pergunta simples: "Imagina", imagina, imaginar, imaginação, conjectura; "como seria", imaginar, como seria, "se", terceira letra do alfabeto, projeção, uma realidade paralela, que não nega a realidade atual, "se"; "a gente", nós, você e eu, Marina Rodrigues, filha de Ana e Patrick Vianna, filho de Rosemary; "não", negação, cruz, porta fechada, um muro que se fecha, *niente*, *nicht*, uma realidade diferente da nossa; "tivéssemos", verbo ter, possessão, possuir, capitalismo, propriedade; "um", artigo indefinido, masculino, singular; "filho", o Tiago, teu filho, meu filho, o nosso Tico. Você sabe quem é o Tico?

Na nossa encenação, os três atores voltam, durante a última fala de Patrick, pra dentro da tenda de lençóis que montaram no início da peça. Ouvimos suas vozes por trás dos panos.

MARINA: Ai, você tá me apertando.

PATRICK: Que foi?

MARINA: Tira essa perna, por favor?

PEDRO: Não posso. Se eu tirar essa perna eu viro o sacipererê.

PEDRO: Quem apertou a minha coxa?

PATRICK: Eu tô parado.

MARINA: Eu também.

PATRICK: Então tem alguma coisa me apertando.

MARINA: Tá na hora, eu tô com falta de ar.

PEDRO: Aqui não tem ar, só tem água. Vira o joelho pra lá, tá apertando a minha coxa.

PATRICK: Tá na hora, com certeza.

MARINA: Tô achando também. Tô vendo até uma luzinha lá embaixo. Eu ainda não tô pronta.

PATRICK: Eu vou primeiro, já tô imbicado pra saída.

PEDRO: Para, não tem luzinha. Quando são três, assim, a saída é por outro lugar, acho que eles cortam aqui em cima.

PATRICK: Mas eu já tô no beiço.

MARINA: Vamos fazer força, ajuda aqui!

PEDRO: Eu não vou.

MARINA: Por quê? Vamos! Vamos juntos até o fim.

PEDRO: Não quero. Começar aquela história toda, aquela agonia, aquela aflição. Não vou. Pra mim tá bom. Vou ficar aqui.

MARINA: Vamos, lá fora é que tem o sol, os livros, os amores, o trabalho, os amigos...

PEDRO: Ai, mas lá tem a conta do supermercado, o condomínio, a culpa, a declaração do imposto de renda, o aniversário da tia Celinha...

PATRICK: Amigos, eu vou, tão me puxando aqui.

Patrick sai da tenda. Depois Marina também sai. Marina para, dá meia-volta.

MARINA: Pai.

Pedro põe a cabeça pra fora da toca.

MARINA: Vem, pai, não fica aí, não.

PEDRO: ...

Marina ajuda Pedro a sair da toca e levantar. Leva Pedro pela mão ou apoia o braço dele nos seus ombros. Caminham.

MARINA: Vai ser bom.

PEDRO: [*tentando não ser descrente*] Vai.

Vão saindo juntos, em direção à porta que leva a plateia pra fora do teatro.

PEDRO: Obrigado, filha.

Sobre o autor

Nasci em Paris em 1972, e moro no Rio desde os 7 anos. Sou pai da Mia, hoje com 6. Em 86, comecei a fazer teatro no Colégio São Vicente e me formei em artes cênicas pela UNIRIO. Sou ator, autor, diretor e músico (com algumas passagens, como bailarino, pela dança contemporânea, e alguns anos ligado ao circo, como integrante da Intrépida Trupe). Em 2002, comecei a trabalhar com o diretor Enrique Diaz, em peças como *Ensaio. Hamlet, Gaivota — tema para um conto curto*, e várias outras, uma experiência estrutural para o meu trabalho.

Em 98, criei a banda Brasov e componho, desde 89, músicas pra dança, cinema e teatro (algumas indicadas ao Prêmio Shell de melhor trilha sonora). Como ator em cinema e vídeo trabalhei com diretores como Tata Amaral, Fernando Meirelles, Maurício Farias, Lucia Murat, João Moreira Salles e Roberto Berliner, entre outros.

Até 2008, eu trabalhava essencialmente como ator. Foi nesse ano que escrevi meu primeiro texto dramatúrgico, *Ele precisa começar*, ponto de partida pra criação dos Foguetes

Maravilha, grupo de teatro que dirijo com o Alex Cassal, no qual ambos atuamos como produtores, diretores, atores e autores. É dos Foguetes a produção deste *Ninguém falou que seria fácil*, meu segundo texto pra teatro, que ganhou em 2011 os prêmios Shell, APTR (Associação dos Produtores de Teatro do Rio de Janeiro) e Questão de Crítica, de melhor texto dramatúrgico.

Neste ano de 2012 — em que escrevo esta pequena biografia —, comecei a escrever e dirigir obras audiovisuais. Entre elas videoclipes de gente como o grupo Tono, e Domenico Lancellotti (o clipe do Domenico em parceria com a Clara Cavour) e um filme de curta-metragem, *Talvez Lisboa*.

Copyright © Editora de Livros Cobogó
Copyright © Felipe Rocha

Editora
Isabel Diegues

Editora Assistente
Barbara Duvivier

Consultoria
Luiz Henrique Nogueira

Coordenação de Produção
Melina Bial

Produção Editorial
Vanessa Gouveia

Revisão Final
Eduardo Carneiro

Projeto Gráfico e Diagramação
Mari Taboada

Capa
Luiza Marcier e Radiográfico

CIP-BRASIL. CATALOGAÇÃO-NA-FONTE
SINDICATO NACIONAL DOS EDITORES DE LIVROS, RJ

    Rocha, Felipe, 1972-
R571n   Ninguém falou que seria fácil / Felipe Rocha. – Rio de Janeiro: Cobogó, 2012.

(Dramaturgia; 6)

ISBN 978-85-60965-32-8

1. Teatro brasilero (Literatura). I. Título. II. Série.

12-5681.   CDD: 869.92
                                                                  CDU: 821.134.3(81)-2

Nesta edição, foi respeitado o Acordo Ortográfico da Língua Portuguesa de 1990, que entrou em vigor no Brasil em 2009.

Todos os direitos reservados à
Editora de Livros Cobogó Ltda.
Rua Jardim Botânico, 635/406
Rio de Janeiro – RJ – 22470-050
Tel.: (21) 2282-5287
www.cobogo.com.br

Outros títulos desta coleção:

TRABALHOS DE AMORES QUASE PERDIDOS
Pedro Brício

NEM UM DIA SE PASSA SEM NOTÍCIAS SUAS
Daniela Pereira de Carvalho

ALGUÉM ACABA DE MORRER LÁ FORA
Jô Bilac

OS ESTONIANOS
Julia Spadaccini

PONTO DE FUGA
Rodrigo Nogueira

2012

———

1ª impressão

Este livro foi composto em Univers e
impresso pela Prol Editora Gráfica
sobre papel Lux Cream 70g/m².